소피아 약사 이야기 傳

김이섭 시인

숙명여대 약학대학 졸업, 대한약사회 약물남용 전문 강사, 약대 이사, 아세아문예 시 부문 신인상 수상, 율목문학 회원, 과천문인협회 이사, 안양교도소 교정위원

열린시선 15 김이섭 시집

소피아 약사 이야기 傳

지은이 / 김이섭
펴낸이 / 김윤환
펴낸곳 / 열린출판사
출판공급 / 열린출판디자인

1판 1쇄 펴낸 날 | 2024년 12월 1일
등록번호 / 제2-1802호
등록일자 / 1994년 8월 3일
주소 / 경기도 시흥시 하중로 203(3층)
전화 / 02-2275-3892
팩스 / 050-4417-3892
이메일 / pomreview@daum.net

* 이 도서의 국립도서관 출판도서목록은 서지정보유통서비스시스템 홈페이지와 국가자료 공동목록시스템에서 이용하실 수 있습니다.

IISBN 978-89-87548-48-7 (03810)
값12,000원

열린시선 15

김이섭 시집

소피아 약사 이야기 傳

■ 시인의 말

기쁨과 아픔을 두르고 살아온
긴 세월
가시에 찔리는 아픔도
눈물 시린 사랑도
지나고 보니 삶의 자맥질 과정이더라
오랜 세월 가꾸어 온
생을 세상 밖으로 내보이려니
나무 뒤에 숨고 싶지만,
약도 사랑을 먹고 치유되더이다
약이 사람을 살리기보다
사랑이 약이 되어 살리더라
그때는 몰랐는데
삶도 약도 신이 주신 기적이더라
시의 첫걸음을 떼게 해주신 김용하 선생님,
지도해주시고 시집을 엮기까지
애써주신 최연숙 선생님,
과분한 해설을 붙여주신 김윤환 교수님,
시의 길을 함께 걷는 시우님들께
깊은 감사드립니다

2024년 12월
김이섭

■ 목차

제1부

제2부

제3부

제4부

제1부

그림자

햇살에 걸려 있는
그림자 하나
바람이 붙들고 있네

잡으러 달려가다가
구름 덫에 넘어져
허공만 휘젓는데

두 그루 나무

나무 두 그루
따로 떨어져 있다

한 아이가 눈 맞추며
이 나무에서 저 나무까지
왔다 갔다 숨바꼭질한다

얘야 뭐하니?

두 나무 서로
만날 수 있게 길 만들어요

꽃과 나

꽃잎 떨어진 자리
열매 탐스러운데
내가 떠난 자리
어떤 것이 남을까

꽃 피워 열매 떨구고
가지에 쓸쓸히 빈자리
어제는 있던 사람
오늘은 곁에 없다

과천 양재천

담벼락의 잡초를 베더니 줄을 치고
이랑을 내고 씨앗을 뿌렸다.
열흘을 지나 뾰족뾰족 씨앗이 터져
얼굴을 내민다.
좀 자라고서야 모양을 갖춘
미니 코스모스가 꽃단장하고 나타났다
빨갛고 하얗고 분홍에 진달래색 보라색
얼마나 귀엽고 예쁜지
다리 밑에 사는 잉어도 반했는지
그 꽃 밑에서만 논다
지날 때마다 먹이를 들고 나가 던져주면
우 모여들어 고맙다는 말 거품으로 한다

개천 건너 담벼락에 노란 금력죽도
코스모스와 마주 보고 손짓한다.
얼마나 아름다운 풍경인가
지상의 낙원 무릉계곡이 바로 여기다

코스모스

긴 목 빼 들고
분홍 포플린 꽃망울 입에 물은
코스모스 핀 길을 걸었지

가을 이슬에 헹군 듯
맑고 투명한 꽃 이파리
한 움큼 쥘 듯한 네 허리
뒤에서 안아주었지

가지런히 피어난 키다리
살며시 미소 지을 때면
청순한 철부지 소녀의 얼굴

이 가을
어느 들길을 걸어도
환한 네 모습

숲에서

아침을 기다려온 이슬
숲속의 내 작은 자유

깨어나는 빗살무늬
세월의 이마 주름

새들의 목청 푸르게 번지고
능선 따라 발자국 자박자박

산마루에 올라
메아리 리듬에 틈새 바람 솔솔
입술 자극하는 나무들의 미소

구름 한 조각
살포시 안아본다

스카이 드론

하늘을 날아 배송하는
운송 상용화 시대

생각과 감성 영혼까지도
드론에 담아 전할 날이 올까

흰 엽서에 그린
연보라색 제비꽃 사랑의 섬세함을
이제는 만날 수 없는 그이에게
배송하고 싶은데

난초

소나무 옆 바위틈
한 그루 난蘭
누가 심은 난초인가

어젯밤 동양란 한 촉이
꽃대를 뽑아 올렸다

문방사우를 펼쳐
붓을 갈아 난 몇 촉을 치고
글을 써 낙관을 찍는다

잠깐 졸았는가
천년 학이 그림을 물고 산을 넘는다

골목길

차 없이 살 수 있는 동네
골목길 이용하면
우리 동네 손바닥 안에,

요령이 생겨
지름길 찾는 골목대장

운전은 장롱 면허

담을 타고 올라오는 들풀들
음지 식물들과의 대화
제비꽃 돈나물 쑥 민들레

위로는 관악산 아래는 대공원
발길 닿는 대로 걷는다

아파트 밑으로 개천이 흐르고
여름이면 그물망으로 버들치 건진다
저녁 밥상은 쑥 한 줌 뜯어 된장 풀고
쑥국 끓여야지
우리 집은 탑 층 사계절 별장
얼마나 환상적인 동네인가?

길가에 소담하게

애기똥풀 한 송이 민들레 한 쌍
소박한 제비꽃 채송화
어느 한 모퉁이에 살고 있어도
당당하고 우주 태양 자연의
사랑을 가장 많이 받는
너희들이 부럽구나

가을

길가에 들쑥날쑥 어우러지는 풀잎
새벽이슬이 가을에 담겨 작은 물방울로
손짓하네요

파란 하늘 파란 구름 가을과 함께 떠 있네요
나는 소박한 가을을 사랑해요

열무김치에 된장찌개 그리운 사람을 넣어
가을을 비벼보네요

목련

사람들은 나보고
고상하고 고귀하고
하늘에서 내려온 천사 같다고

왜 그렇게 말하는 걸까

하나둘 피붙이 떨어져 나가는 아픔
견디기 힘들어
소복 입은 여인처럼
외롭고 쓸쓸하고
속 눈물 흘리는 거리의 집시인데

야생화

논두렁 밭두렁 길섶에서
하늘의 빛과 공기 물을 받으며
누구의 간섭도 받지 않은 채
위풍당당 서로의 향기 품으며
농부 곁을 지켜온 다정한 친구

삼월 하순 꽃잎 다섯 개 피운 별꽃
광대의 옷깃 꽃받침에 주름 잡힌 광대나물
혈을 잘 돌게 하고 진통을 멎게 하는 현호색
눈 속에 피는 복수초
꽃대에 솜털이 보송보송 아기 피부 노루귀
강남 갔던 제비 돌아올 무렵 피는 제비꽃
한방에서 포공영으로 불리며
식용으로 약초로도 쓰이는 민들레
봄에 야생화는 신록이 우거지기 전
거뭇거뭇 산천에 한 송이 두 송이 톡톡 터진다
들꽃 산꽃은 우주를 품고 피어나는 신비

인人 꽃

보름 전 미국에서 건너온 화려한 꽃
어쩜 이리 예쁘고 앙증맞을까

꽃 이름 스카우트 미국 名 하나
하느님이 보내주신 사랑의 선물

어디를 가든 인파들의 시선 끄는
스타였다
덕분에 나도 스타가 되었다

이 스타 자유분방형
재잘재잘 새 노래 주절 중얼
한국어 영어 섞어가며 신나게 놀다가

조금만 지루하면
꽃잎 눕듯 바닥에 누워 꼼짝 않고 잔다

30분쯤 자고 일어나 아무 일도 없었다는 듯
삥긋이 웃는 모습 앙증스럽고 귀여워
깨물어 주고 싶은 천사

오뚜기

엎어지고 넘어져도
다시 일어나는 네 인생

모두가 너만 같다면
괴롭고 슬픈 일 있을까

너만 그리면
힘이 나고 용기가 솟구치는데

살다 보면
속상하고 괴로운 일 없겠냐만
툴툴 털고 다시 시작하는 거야

넌 누구에게나 스스로
자립自立하라고 교훈 주는 기쁨조
짜증 내 무엇하리

약물 오남용 교육하면서
너를 무척 사랑한단다, 안아준
나와 너는 영원한 오뚜기

가을볕

광열한 햇살에
탐스럽게 익어가는 열매
들녘의 황금 너울

싱그럽던 초록 물결
빨강 노랑 무지개색으로 뒹굴고
달구어진 이파리들 자랑하며 춤을 춘다

처녀 가슴 붉으레 홍시 되고 익어가고
코스모스 바람에 하늘하늘
분홍빛 머플러 목에 걸치고
갈대숲 머리 풀어 은빛 날리고

대자연의 선물
은총이요 축복이다

개나리

입춘에 월계관 노란 꽃다발
물방울 종소리에
얼었던 가지들 기지개 켠다

실개천의 버들강아지
눈을 뜰까 말까 망설이는데

노란 골목 사이 올망졸망
부리 벌리고 춤추는 개나리

노래 부르며 끼어든 버들강아지
환상의 단짝 다가선 봄
청춘을 마음껏 노래하잔다

겨울바람

살을 에는 혹한
맨살에 상처 난 자리 흔들며
추위에 떨고 있는 나무에게
털실옷 만들어 입힌다

따뜻한 햇살 한 조각 안고
추위를 이겨내는 나무
방긋 웃는 네 모습
양손 벌여 안고 입맞춘다

꽁꽁 언 손을 흔드는
애잔한 너

진눈깨비

눈도 아닌 것이
비도 아닌 것이
바람에 묻혀와 마음이 혼란하다
하늘은 무슨 불만이 그리도 많은지
찡그리며 볼멘 목소리
하늘을 보는 나도
마음이 푸르죽죽 거무틱틱
벌레 씹은 초상이다
오늘따라 의상도 회색빛 후줄그레
날씨와 하늘과 약속이라도 한 듯
온천지가 진눈깨비로 치장한 화상이다

봄바람

관악산에 오른 연두 총각
봄 한 짐 지고
한걸음에 달려 내려온다

지고 온 봄을
노랑 처녀 가슴에 쏟아붓는다
놀라 그림자 치마로 얼굴을 가리는데

바람은 사랑 찾는 전도사였나

연두 총각 노랑 처녀 훌러덩 벗어 던진
옷가지 실오라기 하나 안 걸쳤다던가?

세 가지 소고小考

1
생사를 달리한 피붙이
마음이 허공에서 허우적거린
몇 년, 뒤척이며 밤잠을 설치다가
노트마다 긁적이다가 붓을 들기도 했네
삼천포 친구가 보내준 정원 사진
햇살이, 물살이 일어나라는 소리
깜짝 놀라 뛰쳐나갔네
산수유 개나리 매화
처음 본 꽃처럼 얼굴에 비비다가
새벽이면 창문 열어
찬 공기의 볼을 매만지기도 했네

2
우린 상처투성이
다듬고 어루만지며 사랑으로
노래 부르며 그래도 살아남아 좋았다고
저녁 무렵 우러나는 노을 냄새
싸늘한 새벽달 달콤한 바람꽃
어느 하루도 눈부시지 않은 날 없었네

3

붕어 없는 붕어빵을 산다 이천 원에 4개
빳빳한 하얀 봉투 건네는 아저씨
붕어 몇 마리 유영하는 아저씨의 입꼬리
집으로 가는 길이 가깝다
마지막 꼬리가 목을 타 넘고, 그녀도 없다

사랑줍는 할머니

은 팔지 은가락지 양손에 끼고
은빛으로 반짝이는 할머니
날마다 야생화 찾으러 집을 나선다

외로움도 시름도 달래려
야생화 꽃방을 꾸민다.
거리에 버려진 빈 병을 꽃병 삼은 것
꽃들도 알고 있는지

삶을 즐기려는 꽃 마음에
환한 보조개 웃음으로 응답한다

내 마음도 환하다
두 손 꼭 잡고 안아 드렸다
눈물 섞인 환한 얼굴에
행복이 넘쳐 노래 부른다

사월의 노래

봄꽃들의 수다
예쁘게 손짓하는 너희들
나도 눈짓하며 인사 나눈다

울타리 어깨와 다리에 걸친
노란 개나리

만지면 울 것 같은 가냘픈 진달래
키다리 하얀 목련 눈이 부시네

어우렁 더우렁 춤추며
감격의 합창 부르는 사월

팔월 한가위

종갓집이라 제사가 많고
명절에는 밥상만 차리는 것 같았다

빙 둘러앉아 송편을 빚었다
난 어린이 송편
언니와 어머니는 예쁜 송편
하나씩 곱게 빚어 달빛 소반에 놓는다
밖에 돌아다니시다가
거의 끝날 무렵 오신 아버지
임자 일어나세요
지금부터 송편은 내가 만들겠으니 하시더니
언제 다 만드냐고 주먹 송편을 빚으셨다

검정 햇콩, 깨소금이 꼬소한 소 냄새처럼
웃음꽃도 소반 위로 피어올랐다

큰 가마솥에 솔잎 깔고
켜켜이 얹느라 손놀림이 바쁘다
아궁이에서 마른 솔가지가 타올라
한소끔 김이 오르면 꺼내놓아
뜨거운 줄도 모르고 손이 가곤 했다

옥금이네 집 마당에선 일찍부터
강강수월래 달타령이 울려퍼졌다

제2부

나이테

해가 바뀔 때마다 그려지는 나이테
내 삶의 나이테는 어떤 모습일까

세월도
한해, 한해, 흐르다 보면
이마의 나이테는 늘어나고

우연의 법칙의 과학자 슈테판 크라인
"우리는 모두 별이 남긴 먼지"라고 했다
우리네 삶을 흘러가는 구름에 비한다면
먼지보다 나을지

나이가 들수록
저녁이면 별을 헤아려보는 나
바람이 다가와 말을 거네

눈뜨며 감사하고
걷는 것에 감사하라고

소박한 꿈을 나이테에 얹어본다

길을 걸으며

오래 걸어왔다

약국을 경영하면서
아픈 줄도 쉴 줄도 모르고
앞만 보고 달려왔다

인생은 한 편의 연극이라더니
1막은 끝나고,

제2막은
아픔도 슬픔도 감사하는 마음으로
읽고 쓰고 들여다보고
시 쓰기에 빠져 늙음도 자각하지 않는다

숨 쉴 틈도 없이 달려온 길
이제는 뒤돌아보지 말고
천천히 뛰지 말고 걸어가는 거야

더 다정하게 아픈 사연들 보듬어주고
나누어주고 들어주는 사람이 되어야지

부추 한 단

동네 골목시장은
물건을 골고루 갖춘 만물시장이다
부추 있으세요?
네, 있어요
카드를 내미니 현금만 받는다고 했다
두 군데 똑같은 대답이다
마지막으로 비닐 포장으로 덮힌 가게를 빠끔이 열었다
허름한 중노인이 반긴다.
사장님 통장번호 알려주실래요?
왜요?
현금이 없어 물건값 통장에 입금해드리려고요
네, 있어요
부추는 얼마예요?
삼천 원이요
시금치 양파 부추를 사고 집에 와 계산해보니
부추 값 지불이 안 되었다.
늦은 시간이라 다음 날 아침 현금을 들고 가게에 들렀다
자초지종 얘기하고 삼천 원을 드렸더니
오래 장사해 오지만 처음이라며 좋아하신다.
당연한 일인데
오래오래 건강하세요.
정담을 나누고 나오는 발걸음이 한층 가벼웠다.

너무 예뻐서

음력 대보름날
오곡밥에 각종 나물볶음
호두 땅콩 까먹고
지신밟기 쥐불놀이

아버지는 오늘 밤 자면 안 된다고 하셨다
귀신이 나타나서 네 눈썹을 하얗게 만든다고….
나는 잘 수가 없었다. 지켜보셨는지
잠든 사이 밀가루를 눈썹에 바르셨네
눈을 뜨니 거울을 주신다

어 너 잤구나
엉엉 양발양팔 휘젓는 나를 달랠 길 없었던지
안고 보듬고 하시기를 얼마나 했던지
다시 잠이 들었다
눈을 떠보니 흰 눈썹이 없어졌다

요즘엔 다 잘해요

연골 파열로 의사가 줄기세포를 권했다
줄기세포의 권위자이고 다른 병원 의사도 교육한다니
믿고 수술받았는데 배양이 안 되고 죽은 것이었다

책임지지 않는 의료 사고
다시 인공수술을 받고 운동을 시작했다
무릎을 달래고 아우르고 조심스레 다독거리며
하루 만 보 정도 걸었다

아침 일찍은 한산한 운동장
그 시간이면 만나는 부부
오른쪽 마비가 와서 걷지 못하는
부인 손을 잡고 남편이 걸음마를 시킨다

옆에 붙어 말을 건넸다
남편이 어쩜 이렇게 잘할 수가 있어요.
그래요, 정말 잘해주어요. 라고 할 줄 알았는데
"요즘엔 다 잘해요" 하길래 남편을 바라보았다
미소 띤 얼굴이 천사였다, 3년 째라는데...
고맙습니다, 남편이 인사를 건넨다
고마움을 모르는 여자가 남편 복은 많다

약에 관하여

사람은 살면서 4분의 1은 본인을 위해 일하고
4분의 3은 의사를 먹여 살린다는 비문이
고대 이집트 피라미드에 새겨져 있다

미국의 약사와 의사들이 필수적으로 지녀야 할
처방약이 PDR(a~z)에 있다
약을 총망라한 책이다
여기에 부작용이 없다는 약은 단 한 종류도 없다
효능이 한두 가지면 부작용은 설명서를 다 차지한다

의약품은 모두가 화학약품이다
약 남용이 너무 심각하다
주위에도 몇 가지씩 약을 복용하는 사람들이 많다
무섭고 겁이 난다
꼭 필요한 약만을 환자에게 줘야 한다

최상의 약은 예방이다
적당한 운동, 충분한 휴식, 면역 기르는 음식으로
자연치유를 해답이라고
평생 환자에게 맞는 약을 찾아 조제해 주고
낫는 사람들을 보며 보람을 느껴온
약사로서 권하고 싶다

쌀 한 톨

쌀 한 톨이 나오기까지
농민들의 땀이고 애환이라고
귀에 딱지가 앉을 만큼 듣고 자랐다

밥을 먹을 때 흘리면
제 손으로 반드시 주워 먹게 하신 아버지

세 살 된 내가
밥 한 톨이 무엇인지도 모르면서
밥을 흘리자마자 아버지 눈치 살피며
방바닥에 문지르더라고

눈치 보며 방바닥에 문지른 밥 한 톨
살다 보니 아버지의 가르침이
평생 진리임을 알았네

아침 인사

앞마당 정원에 600살 된 회화나무
아침 일찍 눈 비비며 이슬로 목욕한
새들의 소리

휘잇 동고비들 가야금 현을 튕긴다
까마귀 까치 부엉이까지 선 굵은 거문고를
뜯는 오케스트라 자연 음악당

여름내 초록 물결 속에서 들려오는
청아한 선율에 손을 내밀어 악수 청한다
새들과 나무의 노래에

학교 운동장

집에서 30분을 걸어야 초등학교
지름길인 논두덕으로 가면 10분 거리였다
쉬는 시간이면 친구들과 학교 운동장에서
고무질 뛰기 비석치기 S자 돌기 공기놀이
양쪽에서 길게 줄을 잡고
줄 안에서 발맞추어 여럿이 줄넘기
놀이도 가지가지
난 유난이도 놀기를 좋아했다
편 갈라 놀이하면
내가 속한 편이 항상 이겼다
친구들은 내가 속한 팀에 끼기를 원했다
시간 가는 줄 모르고
수업 시작 종소리도 잊은 채
신나게 놀던 시절

서울에서 학교를 다닌 나는
친구들하고 연락이 끊겼다

그 친구들 다 어디 갔나?

매년 한 번씩
고향 집터 부모님 떠나신 방앗간 자리를 지나

선산 묘소에 국화 한 다발 놓고
큰절 올린다

만감이 교차한다추임새로 응답하는 15층 가수 아줌마

개구리 증후군

프랑스에 삶은 개구리 요리가 있다
손님이 앉아 있는 식탁에
버너와 냄비를 올려놓고
개구리를 산채로 냄비에 넣고 조리하는 것이다

물이 너무 뜨거우면 개구리가 뛰어나오기 때문에
개구리가 가장 좋아하는 온도의 물을 부어준다
개구리는 기분이 좋아 가만히 엎드려 잠이 든다

천천히 불의 온도를 올리기 시작한다
느린 속도로 가열하기 때문에
개구리는 자기가 삶아지고 있다는 것을 모른다
기분 좋게 잠을 자며 죽어가는 것이다

지구가 뜨거워져 빙하가 녹고 있다
지구촌 생명이 언제쯤 개구리 증후군이 될지
아무도 모른다

마음이

수런수런 마음이 바쁘다.
정리해야 하는데
이것저것 여기저기 기웃기웃

머릿속 복잡해 널브러질 때
닦고 조이고 기름 친다

며칠 전 동사무소 들렀더니
공모전을 한단다
거리에 붙일 플래카드(15자 이내)라기에
호기심에 몇 자 적었다

"기쁨 주고 희망 찾는 중앙동 행복센터"

연락이 왔다, 당첨되었다고
적지만 상금도 받았다
즉석 복권이었나?
시우님들께 차 한 잔 샀다
환한 웃음 큰 박수로 화답

사연

세월 이기는 장사 보았나?

요양병원에서 5년 근무했다
어르신들 평균 연령 80대
오시게 된 사연도 여러가지다
남편 떠나고 외로워서 아프고 쓸쓸해서
애들은 오고 가지도 않는다고,

밥해 먹기 싫은 사람도 있었다
먹는다는 게 가장 중요하니 그럴 만도 하다
여성의 전화에서 상담할 때도
말로 다 표현할 수 없는
가슴에 피멍 문신 새긴 인생사

늙은 것도 서러운데 치매로
하늘나라에 집 장만해야 한다고
고래고래 소리 지르며
태산 같은 걱정을 쌓는다.

약물 오남용 교육

초중고 학생들에게 약물 강의를 15년 했다
교실이나 강의실에서 했던
프리젠테이션 강의는 학생들의 집중력이 높았다
약물의 정의와 중요성 오남용
전문 의약품과 일반 의약품
니코틴 중독 금단 현상까지 설명해주었다

담배는 마약 중독처럼 끊기 어렵다
4,000 종 화학약품과 코카인 니코틴과 타르는
폐암의 주범이고 금단 현상이 오면
정신질환을 겪기도 하고
담배회사는 영리가 목적이라고 가르쳐주었다

초등학교 5, 6학년 교실 강의는
유난히 초롱한 눈망울과 수업 태도가 좋아
50분이나 더한 적도 있었다

안양의 모 고등학교에서는 강의가 끝나자
사인을 받겠다고 몰려와 놀라기도 했다

금연으로 배움의 열정 불태워 달라고
일일이 손잡아주고 왔다

그래도 괜찮다

숱한 날들 지나고 보니
슬픔도 눈물도 좋은 날의 징조더라

병원 근무 5년 후 대형약국 근무 시
어머니가 간경화증으로 7개월 시한부
약을 구하기 위해 밤이면 약학 의약 서적 뒤져
치료했다, 진찰은 의사가 약은 내가 하고
지성이면 감천이라고 어머니 병이 다 나았다

1977년 약국 경영할 때는 큰 수해를 겪었다
수인성 병이 급증했다
물에 떠내려간 줄 알았던 약은 그대로 있어
환자들한테는 약을 거의 그냥 주었다

물이 턱밑까지 차오른 날 라면 한 상자 머리에 이고
빈민촌 찾아가다 하수구에 빠져 죽을 뻔했다
의약 분업이 없던 시기라
환자와 상담하며 양약과 한약까지 담당하기도 했다.

병원에서도 어려웠는지
폐렴과 폐결핵 환자가 지방에서까지 올라왔다
폐결핵은 6개월, 폐렴은 일주일 약을 투약하면 거의 나았다

힘들었지만 보람이 컸다

힘에 겨워 폐업하려 할 때
'마음 좋고 약 잘 지으시는 약사님'이라며
동네 사람들이 나를 붙들고 통곡하던 날도 있었다
이제는 다 내려놓고 건강 돌보며 편히 살라고 다독다독

다 같이 파이팅

언제부터인지
가끔 가슴이 울렁이고
의욕이 없어지고
허전하고
허공에 떠 있는 기분

학교 졸업 50주년 기념일
세월의 뒤안길에서
마음 약해지고
무너져가는가

우린
강인한 약사였지
오늘까지 한 길만을 걸어 온

웃음 잃지 말자고
용기 잃지 말자고
아직은 사랑이 남아 있다고

최후의 그 날까지 환자 사랑 붙들고
큰 소리로 외쳐보는 거야

우리는 숙명인이라고
힘을 내자고
다같이 파이팅

나는 약사다

약대 졸업 후 병원 근무 7년 후 약국을 경영했다

그때는 약이 귀해
의약 서적으로 PDR 보면서
지식을 넓혀가며 환자에 맞춤형 약을 찾았다

40년 경영하면서 환자가 많았다
양약은 물론 약용식물학 본초 600종류 한약까지
지방에서 온 환자는 예약해야 했다

의약 분업이 되고 약사가 약을 쓸 수 없도록
제약을 받았다
약을 잘 모르는 의사와는 대화가 되지 않았다
손주 미숙아로 1.6kg 몸무게 인큐베이터 2주
알레르기 심해 병원에 갔는데 낫지 않는다
복용 약과 음식 목욕까지 관리해
3개월쯤 다 나아
지금은 건강히 자라 키가 180cm,

의약 분업 후 의사의 처방 없는
일반 약과 건강기능 식품 한약으로
과립제, 양약같이 조제 해주었다

변이 바이러스 치료하기 어렵지만
병원엔 거의 안 간다 약식藥食동원
먼저 약국에서 약사님과 상담한다

코로나19 바이러스

씻기
가리기
사회거리 2m 두기
곳곳에 표어 붙어있다

행사는 물론 종교단체 학생들 학교도 화상통화로
성당은 5월1일 미사를 올린다고
과천성당 바코드를 나누어 주었다
바코드를 찍어야 출입할 수 있게 한 것이다

인간의 잘못으로 세계가 깊은 수렁에 빠졌다
치료제 백신은 아직 만들지 못하고

고통을 겪고 있는 수많은 환자들
개인도 자유롭지 못하고
모든 게 멈춰진 어둠의 상태

언제까지 전염이 수그러들지
다 같이 힘 모아
어려움을 비켜 나가자고 외친다

전지전능하신 하느님 아버지

곤경 속에 있는 저희들을 돌보아
은총을 내려 주소서

간식

여기 온 지도 4년이 넘었다
병원 2층 식구들과 가끔
오후 4시경이면
간식을 먹는다.

매운 닭발에
어묵 하나씩 물고
떡볶이까지 잘도 먹는다.

오뎅 국물에 콜라 사이다
여럿이 먹다 보니 술술 잘도 넘어간다
원래 매운 건 잘 먹지 안 했는데
먹다 보니 맛도 알겠다

우린 돈독한 마음으로 돕고 아끼는 사이
서로를 감싸주며 묻어나는 정

한바탕 웃음으로 즐거움을 선물했다

고독 속의 행복

시를 읽는 재미
상상의 세계를 그려보는 재미
내 마음을 써보는 재미
마음에 품은 사연 들여다보는 재미

혼자 있으면 쓸쓸하다지만
고독과 대화 나누는 재미
생각만 하고 가져보지 못한 것도
가슴으로 안아보는 재미

좋은 책이 아니라도
손에 아무것도 가지지 않으면 허전하다
쓰든 안 쓰든 머리맡에는
종이와 볼펜이 있어야 마음이 든든
손닿는 대로 읽어보고 써보면
차분해지는 마음이 모여 행복 아니겠는가.

하루를 마치고 잠자리에 들 때
회개와 용서로 저무는 저녁

늙어 봐야

너도 늙어 봐
젊을 때 자주 듣던 말인데
이제 피부로 느낀다.

나이 드니 시간의 가치가 실감 난다

세월의 촉박을 아는지
매미도 새벽부터 숨도 안 쉬고 울어대고
여생이 촉박한 노인 일손을 놓지 않는다

그래도 아직 희망 끈 놓지 말라고
뜰의 장미 한 송이 손짓하네

제3부

고향집

어릴 적
우리 집 방앗간 집

어머니 떠나 타향살이
중학교 때부터
아버지와 살아야 했다

토요일이면 엄마 찾아 기차를 탔다
저녁에나 도착하는 엄마 계신 곳

하룻밤 엄마와 지내고
아버지 집으로 가야 했던 나

지금은 갈 수도 올 수도 없는
머나먼 제2의 고향

어머니 안 계신 우리 집
어릴 적 똘똘 뭉친 정든 집
그림자라도 밟고 싶은 곳

무너진 기왓장
흔적만 남은 집터

가슴속 눈물 적시는 밤

막냇동생

어머니는 종갓집 맏며느리
줄줄이 딸 때문에 비상이 걸렸다
행여나 이번엔 아들일까

산실로 건너가신 어머니
얼마나 가슴이 울렁거렸을까?
7살 나는 몰래 산실 들어갔는데
할머니 깜짝 놀라 나가라고 호통치셨다

막내 태어나는 과정을
이불 속에서 눈만 빼꼼히 내놓고 지켜보았다
얼마를 지났는지 으앙 우렁찬 소리
엄니는 울음소리 듣고 아셨다, 또 딸이죠?
할머니 대답이 없으시다

엄마의 짜디짠 속울음이
눈물 콧물 범벅 뒤엉켜 눈을 못 떴다

그 동생 칠십 나이에
일찍 돌아가신 어머니 사랑도 못 받고
임파선 암이라니 청천벽력

병원 들락날락 5년 동안 많이 좋아졌는데
검사차 병원에서
열흘 만에 폐렴 대상포진으로 하늘나라로

어떻게 잊어, 보고 싶은데….

눈이 내리네

당신이 가고
몇 번 째 겨울인가

따뜻한 향기로
아침 창밖을 수놓으며
흰 눈 속에 환히 보인다

유년 시절 눈 쌓인 뒷산에 올라
아버지 카메라에 담기던 어린이
강아지 뜀박질하며 뒤돌아 눈 맞춤하고
아버지와 나는 눈사람을 만들었다
까만 돌로 눈을 붙이고
나뭇가지 꺾어 눈썹 붙이고
빨간 단풍 입에 붙이고
목에 두른 목도리는 눈사람한테 내주었다
눈사람도 따뜻한 듯 호호 웃고
장난기 많으셨던 아버지 따라 웃는
호주머니 마스코트였던 섭이

뿌리로 얽힌 인연의 핏빛 걸치고
언제까지 애틋한 노래 부를 수 있을까요
저기, 허공을 맴도는 시선

걱정마라

어머님을 향한 높은 자리
가을이 와서 말해 주네

걱정마라
사랑하는 딸아

내가 사는 세상은 천사들과
매일 즐겁고
재미있고 화려하고
근심 걱정할 틈이 없단다

들린다, 어머니의 음성

행복하여라
널 위해 기도하마

기쁨으로

무거운 다리를 끌고 집을 나서는 할머니
몇 가지 채소
전철 입구에 내려놓고 자리 잡는다

호박 청양고추 아욱 시금치 가지 감자
신문지 깔고 앉아 손님을 기다린다

힘없이 바라보는 시무룩한 표정이
시들어가는 채소와 똑 닮았다

나 좀 데려가 주세요
그래, 주섬주섬 배낭에 담으니

할머니 눈 번쩍 뜨고 놀란 표정
웬걸 그렇게 많이

무거운 배낭이 오히려 가볍다
돌아서는 나를 보는 미소 짓는
할머니 모습이 안 보일 때까지
손을 흔들었다

오늘 저녁 밥상은

가지나물에 호박 감자 청양고추 송송 썰어 넣고
된장찌개 해먹을 생각만 해도 군침이 돈다

아버지 생각

어린 시절
양 볼 양손으로 귀를 감싸
키 크라고 들어 올리셨던 아버지

겨울이면
눈 뭉쳐 옷 속으로 넣으시고
아버지는 웃고 나는 엉엉

골수염을 앓은 나
다리 아프다고
자전거로 학교 데려다주시고

밥상에
아버지 옆에 앉혀
고깃국 고기 건져 주시고

잠들었을 때
다리 늘린다고
고무줄로 꽁꽁 묶어놓으시고

정월보름 눈썹에 하얀 밀가루 묻혀놓고
섭아, 불러 대답하면

“내 더위” 하시며 박장대소하셨던

아버지한테 마구 달려들면서
눈물 콧물 뒤범벅하고 울다가 웃다가
잠이 들었던,

생각난다
창밖에 비친 당신의 그림자

꽃물 든 그리움

세상의 빛 밝혀주시던 어머니

당신의 자리는
너무도 컸기에 모든 걸
한꺼번에 잃어버린 바보가 되었어요

참는 걸 미덕으로 배우며
살아온 세월
생활이 고달파도 후회는 안 해요
어머니의 딸로 태어났기에 행복해요

우린 늙어가는 게 아니고 익어간다고
어머니처럼 익어갈래요

어머니, 당신은
꽃물 든 그리움이었어요

엄마 진달래꽃

하늘을 등에 업고
산길을 오른다
산마루에 하늘을 내려놓고 야호
메아리 되어 나에게로 야호
진달래 기다린 듯 돌 틈에 자리 잡았네

어머니 영혼 같은 진달래
집안 분위기도
버선코 만드실 때도 엷은 분홍색 덧대신
어머니
하늘나라에도 진달래꽃 만발했나요?

다정했던 사람

아들이란 장벽에 갇혀
일찍이 하늘나라에 둥지 트신 당신

아들이 뭐길래
사랑하던 임 그토록 변할 줄이야
잠 못 이룬 밤이 얼마였을까

농한기 겨울 긴 밤
전깃불에 유성기 사공에 뱃노래
아리랑, 동네 사람 모여와 어깨춤 추며

어머니를 극진히 사랑했던
한전 다니신 멋쟁이 아버지
종갓집에 맏며느리 아들 타령에
행복은 오래 가지 못했다

어느 날 첩이 씨받이로 나타나더니
아들을 셋이나
하늘이 무너지고 땅도 통곡을,
곡소리로 속울음 운 긴긴 세월 어머니
아버지는 아셨을까?
그 아픔 어찌 다 삼키시고

떠나야 했던 애절한 사랑의 당신

천사와 아버지

천사는 침대에서 자고 있었다

7.8 강진이 휩쓸고 간 튀르키예 남동부 도시
카흐라마만마라슈의 건물 폐허 더미에 앉아
숨진 딸의 손을 움켜쥐고 있는 아버지

앞이 캄캄해 자신을 잊는다
인간의 죄일까?
하늘의 무서운 명령일까?

눈앞 현장에 입을 다물 수 없는 아버지
아기천사에게 작별 인사도 못한 채…….

당신 꽃은 지고

그렇게 가야만 했나요
못다 한 말 많은데…….

마음 헤아려 주지 못해 눈물이 대답했어요
미안하다고 고맙다고 말씀만 남겨둔 채

기약은 허공에 남겨두고 바람에 실려 가셨나요
새벽 별 벗 삼아 살아가라고 가셨나요

마주 보고 있어도 만날 수 없던
당신 영혼의 체온이 남아 있다면
이 바람 흩어지기 전 내 얼굴 바라봐줘요

모신母神

종갓집 맏며느리
할머니 처음부터 아들 타령

끝내 못 이루시고
하늘나라에 일찍 둥지 트신 어머니

아들이 무엇이길래
아들 한限에 일생을 보내셨던 어머니(한자 맞는가요?)

무슨 운명의 장난인지
오더니 아들만 셋을 줄줄이

아린 상처 피눈물로
수십 년 세월을 보내신 어머니
딸 셋 피붙이 사랑으로 위로 삼고

인고의 세월 강물 따라 흐르며
음력 초하루 보름떡 시루 장독에
아들 점지해 달라고 신령님께
두 손 모아 비시던 어머니

그곳은 아들 낳지 않아도

꽃들이 만발하고
새들이 노래 부르고 나비가 춤추는
아마도 어머니는 그곳에서도
선을 베풀고 계시겠죠

나보다 남을 먼저 생각하셨던 어머니

천년 살이 울 어머니
그립고 보고 싶은
어머니가 바로 우리의 모신母神입니다

약손

2학년 건이 손자
배를 쑥 내밀면서
할머니 배 아파요 한다

그래 어디 좀 보자
무엇을 먹었길에
이리도 배가 탱탱한가

친구들하고 핫도그 밖에 안 먹었어요
그래 이리 좀 누워 볼래

저기 여기 문지르니
할머니 거기 아파요, 그래 알았다

10분여 문지르고
핫팩 해주고 꿀물을 먹였더니

할머니 다 나았어요
야호! 신난다

할머니 손은 약손인가봐

조금만 아파도 할머니 찾는 건이
귀엽기만 한 내 손자

순분이

약대 졸업 50주년, 모교에서 열린 행사
총장님, 교수님들이 "후배님들 감사합니다"
축사를 듣는다

하얀 가운 입고 실습실에서 실험하던 일
스타킹 가운에 시약 묻어 여기저기 구멍 내고
손톱에 매니큐어 칠한 학생 눈에 띄면
아세톤으로 지우신 학장 교수님

동기들 여행 모임으로
10여 년간 해외여행도 많이 다녔다

지난달 친구 순분이 우리 곁을 떠나갔다
만나면 헤어져야 하는 것을

단풍잎은 떨어져도
내년 새봄맞이 준비하는데

우리네 인생 한번 가면
다시 오기 어려우니

순분아,

하늘에서 영원한 안식과 참 평화 누리기를

지구가 뿔났다

성인병을 앓고 있는 지구
고혈압 당뇨 고지혈증 배탈 설사
기형 물고기 뱃속에는 플라스틱이 가득

처서와 백로가 지나도 33도를 오르내린다
거리에는 마스크, 양산, 모자, 선글라스

빙하는 빠른 속도로 녹아내리고
밤늦게까지 백야로 잠을 설친다

시베리아 땅을 사려고
지구촌 부자들이 예약한다는 말까지

언제쯤이나 정신 차려
뿔난 지구의 마음을 풀어 줄까?

제4부

인연

주님을 알고부터
성당 다니는 형제자매님들과의
만남이 가족처럼 친근하다

5년 전 수녀님과 이사야서를
공부했던 율리안나

식사대접 하고 싶다고 거듭 연락이 왔다
먼 용인 수지에서
내가 시인되어 축하해주고 싶다고
율리안나는 한국사 기초학문을 연구하는 학자다

서로의 마음이 통하는 대화를 나누니
가슴이 뻥 뚫리는 산소처럼 상쾌하다

시집 한 권을 주고
우린 주님께서 만들어 주신
사랑의 끈을 이었다

너는

너는 명랑하고 활발하여 부러움을 샀지
지금은 항상 텅 비어있는 듯

점점 위축해지고 작아지는 것은
물과 바람 같은 흐름을 역행하려는 때문일까
네 탓일까 내 탓일까

다시 흐름 따라가면 되는 거지
세월이 좋은 건 순응을 가르쳐 주는 일
그냥 말 안 해도 깨달음은 주는 일

요즘엔 포기도 잘하고
비우기도 잘하는 나
아름다운 일몰의 여정
순례자의 길 찾으려고

소낙비 저녁

암으로 입원한 친구
췌장암이라고 하더니 폐까지 전이 되어
호스피스 병동으로 옮겼다고 한다.
하늘에 구멍이라도 난 듯 퍼붓는 소낙비
우산을 받아도 비는 내 몸을 다 적셨다

친구는 눕기도 힘들어 이불을 끌어안고 앉아 있다
숨이 차서 누울 수가 없단다

레지오*를 오래 했던 친구라서
묵주기도 하자고 했더니
기도가 안 나온다고 하는데 가슴이 미어졌다
얼굴을 보니 입 가장자리에 누렇게 고인 침이
그렁그렁

여기서는 아무 치료를 하지 않는다고 한다.

간호사를 불러 가제 수건과 물을 부탁해서
입 안에 고인 누런 코 가래이며 치아와 양손을
깨끗이 닦아 주었다
노란 백태가 가재수건에 듬뿍 묻어 나온다
다시 한번 닦아 주니

아이 시원해 친구야 숨을 헐떡이며 고맙다고 눈물 적시는….
얼마나 괴롭고 힘들까

병원에 머물며 많은 이야기 나누었다
그날이 마지막 날이었다
눈물 펑펑 소낙비도 펑펑
하늘도 아시나보다
집에 오면서 이상한 예감이 들어 잠을 이룰 수 없어
기도 하면서 뜬눈으로 밤을 새웠다
다음 날 아침 친구가 하늘나라로 갔다고 연락이 왔다
너무 허무하게 떠나보낸 친구 어떻게 잊을까요
먼 훗날 하늘에서 만나자
영원한 안식을 주소서
영원한 빛을 비추소서!

*성당의 봉사단체 이름

세상은

나라가 떠들썩하다
무엇이 옳은지 그른지 그냥 떠밀려간다
귀 막고 있는 권력자들 숨이 막힌다
알지도 알려고도 하지 않는 사람들
양화는 악화에 밀려
울퉁불퉁 숨쉬기 어렵다

세상은
악화로 양화를 구축하는
굿판이다

길 따라서

시간이 무심한 건지
마음이 우매한 건지
영혼이 흐린 건지

어떤 길을 가는지
어디로 가고 있는지
생각할 겨를도 없이

넘어지고 쓰러지고
바람 따라 물결 따라
여기까지 왔네

어느 날 정신이 들어
고개를 들어보니
먼 길 따라 와 있네

속도 줄이고
삶의 기쁨을 노래 부르며
새벽의 희망 길로 나아가리라

눈 꽃송이

차표 한 장 없이
하늘을 타고
우주로 직행하는 눈꽃송이

새벽 미사 가는 길

눈 위에 발자국 몇 개
곁에 내 발자국

흰 송이들의 움직임
가로등 불빛 따라
좌우상하로 분주히

잡을 수 없는 영처럼
갯벌에서 잽싸게
돌고 있는 돌게처럼

자연의 삼라만상
하얀 마음으로 감싸주는
우주의 신비

소복소복 내리는

송이와 함께 친구 되어
우주를 걷고 있는 나

사랑의 집

한 달에 한 번
목요 미사에
수형자들과 만남이 이루어진다

챙겨간 간식 같이 먹으며
주님의 말씀을 나누는데
우리를 몹시 기다렸던 것 같다

숱한 사연들 많지만
좀 특이한 수형자를 5년 전 만났다
두 번째 들어 온 형제님인데
그는 건강에 관해 관심이 많았다
돕고 싶었다
그로부터 수십 통의 편지가 오고
숙제로 묵주기도를 매일 5단씩 바치라고 했는데
한 달 후 200단 이상 한 것을 보여주었다

형제가 모범수로 많이 변했다
현재 녹내장을 앓고 있는데
안 보이던 눈이 조금씩 보인다고 한다

교도관도 칭찬했다

성물방, 레지오, 성가대에서
남을 돕는 일이라면 어디든 달려간다며

예수님은 99마리 찾은 양보다
한 마리 잃은 양을 애타게 찾으셨다
담 안에 한 마리 잃은 양을 만나는
그날이 기다려진다

나그넷길

아직은
지상의 나그네

한발 한발
디디어 가고 있지만

새는 날갯짓을 할 수 있는
힘이 남아 있는 동안

행복한 마음으로
허공의 길을 간다

아침에 해 뜨고 저녁노을 지는
꿈같은 하루하루

다채로운 세상 풍경 즐기며
나그넷길 간다

삶의 기쁨과 슬픔은
피고 지는 꽃 같은 줄 알아

지금 서 있는 길에
다정히 입맞춤하게 하소서

어디쯤 가고 있을까

왔던 길도 가는 길도
밤인지 낮인지 모르고 지나는 요즘
조금은 에둘러도 되는데
누가 뭐라고 시키는 것도 아닌 데

왜 그랬을까
사랑도 모르고 쉴 줄도 모르고
붙잡을지도 매달릴 줄도 모르고 달리다 보니
놓친 것도 많았네

그래도 늦지 않아요,
귓전을 맴도는 음성

온 길은 몰라도 가는 길은 알고 싶은데
물어도 아무도 모른단다

아직은 오늘에 있어
내일에 대한 기대가 밀가루 반죽처럼 부푼다

주머니

주머니 없는 옷은 허전하다
무엇을 지니기 좋아하는 성격이라선가

꼭 입어야 하는 옷에는
주머니가 없으면 안으로 달곤 한다

지상을 떠나는
날에 입는 옷에는 주머니가 없단다
다 버리고 가라는 것
주머니 없다고 서운해 말자

하루의 삶은 신이 내린 선물
한 송이 들꽃 피우며 가는 거라고

아름다웠노라고

초록빛 그리움이
파도처럼 밀려오네요

진달래 봄소식에
가슴 부풀고
설레는 마음도
소나기 천둥소리에
멍울져 아파하던 상처도
모두가 사랑이었어요

길을 떠날 때가 되었나 봐요
못다 피운 소망 하나
저 하늘에 남겨둔 채
미련은 없어요
후회도 안 할래요
잔잔한 바람 한 잎 불어오면
남몰래 길을 나서겠어요

해설

약사 시인의 삶과 인생 처방을 담은 치유적 생명시

- 김이섭의 시세계

김윤환 시인
(백석대 대학원 기독교문학 교수)

문학작품은 사실 그 나름의 구원관 혹은 구원 열망을 가지고 다분히 의도적으로 창작되기 마련이다. 문학작품이 특별한 독자 즉, 치료를 원하는 독자, 고통으로부터 던져짐을 원하는 이에게 그 해방의 작은 돌파구를 마련할 수 있다는 것은 문학인에게 창작의도와 상상력에 대해 더 깊은 성찰을 요구하게 된다.

문학에 있어서의 구원은 인간이 인간답다는 것에서 떨어져 나와 인간답지 못하게 된 것, 본질적인 것에서 비본질적인 것으로 된 소외를 벗어나 인간 본래의 모습으로 돌아가게 하는 것이다. 오늘날 인간을 비인간적으로 만드는 제도· 폭력 등을 '우상'으로 보아 그 '우상'을 깨는데서 구원이 찾아진다. 문학에서의 구원은 본질을 찾으면서 끊임없이 삶의 순간순간을 반성하고 그 순간에서 가장 선한 것을 찾으려는 노력과 일치한다. 그것은 결국 문학인의 창조적 결단과 독자의 창조적 수용에 의해 성취될 수밖에 없다.

이러한 문학의 치유적 기능에 비추어 볼 때 이번 김이섭 시인의 시집 『소피아 약사의 이야기 傳』은 시인의 시간 안에 머물러 있는 짙은 서사敍事가 서정抒情으로 승화되고, 그 서정이 다시 치유의 반응으로 치환置換되는 작품으로 엮어져 있다.

김이섭 시인은 의료인(약사)이자 시인으로서 시인의 창작이 치유적 처방으로 이루진다는 것은 매우 자연스러운 일이고 의미 있는 창작행위라고 할 수 있다.

앞서 언급한 대로 문학은 궁극적으로 구원의지의 발현이라고 할 수 있다. 따라서 이번 시집에 대한 필자의 견해는 김이섭 시에서 발견된 그의 삶과 자신과 독자를 향한 치유적 접근을 바탕으로 이야기해보고자 한다.

시집 『소피아 약사의 이야기 傳』은 크게 4부로 나누어 구성되어 있다. 제1부는 자연 세계를 통한 생명 감수성이 잘 드러난 작품으로 묶여 있다. 대체로 문학적 성취를 이루어가는 시인의 자세가 돋보이는 장으로 보인다. 제2부는 약사로 살아온 시인의 삶과 일상을 소박한 문장으로 써 내려간 시편으로서 일상 속의 익숙한 장면을 그냥 지나치지 않고 유심히 들여다보는 시인의 따뜻한 시선과 치유적 정서가 잘 배인 시편으로 구성되어 있다. 제3부는 시인의 가족사적 서사가 담겨있으나 이 또한 시인만의 특별한 이야기나 기억이라기보다 동시대의 사람들에게 공감을 나눌 수 있는 한국 서정시의 전형을 보여주는 작품들로 모아 있다. 제4부는 신앙인이자 의료인으로서 시인의 신앙관과 지향점이 잘 그려진 이 시집만의 특별한 시작품이라고 할 수 있다. 결국 이 시집에 담긴 치유적 구원 의지가 제4부의 시에서 구원의 해답을 정리할 수 있는 시편으로 마무리되고 있다.

1.

이에 각 부별로 몇 작품을 소개함으로 김이섭 시인의 시세계에 한 걸음 더 깊이 들어가 보고자 한다. 먼저 시문학적 예술성이 잘 구현된 제1부 작품을 살펴보자.

햇살에 걸려있는
그림자 하나
바람이 붙들고 있네

잡으러 달려가다가
구름 덫에 넘어져
허공만 휘젓는데

- 「그림자」 전부

시적 성취가 돋보이는 작품인 「그림자」는 김이섭 시인이 자신의 기억과 사유를 음율을 타고 진술하는 것이 아니라 시의 예술적 기능을 잘 보여주고 있다. '햇살에 걸린 / 그림자'는 희망과 절망의 대비이며 '바람이 붙들고' 있다는 것은 세상에 발목 잡인 생애의 비애를 표현한다고 하겠다. 허무한 것들에 발목잡힌 인생들에게 욕망의 흘려보냄과 자기 비움의 여유를 깨닫게 하고 있다. '잡으러 달려가다가 / 구름 덫에 넘어져 / 허공만 휘젓는' 덧없는 것에 매달린 시간을 되돌아보게 하는 것이다.

이어서 시 「두 그루 나무」를 함께 감상해보자.

나무 두 그루
따로 떨어져 있다

한 아이가 눈 맞추며
이 나무에서 저 나무까지
왔다 갔다 숨바꼭질한다

얘야 뭐하니?

두 나무 서로
만날 수 있게 길 만들어요

-「두 그루 나무」 전부

이 시는 평이한 일상에서도 특별한 감성을 불러일으키는 시인의 따뜻한 시선을 느낄 수 있는 시편이다. 두 나무 사이를 하나로 엮는 동심童心을 차용借用하여 '동심同心'을 갖게 하는 표현에서 시인의 정서가 언제나 회복과 치유에 집중되고 있음을 보여주고 있다. 시인의 시선과 시인의 시는 결코 분리될 수 없기 때문에 시 「두 그루 나무」는 결국 누군가의 노래를 통해 하나의 사랑으로 이루어가는 사랑의 노래가 되는 것이다.

이어서 일상에서 자칫 놓쳐버릴 뻔한 익숙한 풍경을 잔잔히 들여다보며 생명에 대한 경외심과 하늘이 내린 피조 세계의 아름다움을 노래하는 시인의 겸손과 감사의 정서가 돋보이는 두 작품을 소개한다.

담벼락의 잡초를 베더니 줄을 치고
이랑을 내고 씨앗을 뿌렸다.
열흘을 지나 뾰족뾰족 씨앗이 터져
얼굴을 내민다.
좀 자라고서야 모양을 갖춘
미니 코스모스가 꽃단장하고 나타났다
빨갛고 하얗고 분홍에 진달래색 보라색
얼마나 귀엽고 예쁜지
다리 밑에 사는 잉어도 반했는지
그 꽃 밑에서만 논다
지날 때마다 먹이를 들고 나가 던져주면
우 모여들어 고맙다는 말 거품으로 한다

개천 건너 담벼락에 노란 금력죽도
코스모스와 마주 보고 손짓한다.
얼마나 아름다운 풍경인가
지상의 낙원 무릉계곡이 바로 여기다

-「과천 양재천」 전부

시인이 생활 터전에서 발견된 작은 생명들에 대한 경외심은 우리 자신도 한 피조물에 지나지 않으며 옮겨 심은 코스모스나, 개천 다리 밑의 잉어나, 개천 건너 담벼락의 금력죽의 살아있음에서 '무릉계곡'을 발견하는 시인의 심미안審美眼이야 말로 시의 행방이 어디로 가야 하는지 잘 보여주고 있다.

이어서 골목길의 풍경 속에서 만나는 오래된 천국을 만나 보자.

차 없이 살 수 있는 동네
골목길 이용하면
우리 동네 손바닥 안에,

요령이 생겨
지름길 찾는 골목대장

운전은 장롱 면허

담을 타고 올라오는 들풀들
음지 식물들과의 대화
제비꽃 돌나물 쑥 민들레

위로는 관악산 아래는 대공원
발길 닿는 대로 걷는다

아파트 밑으로 개천이 흐르고
여름이면 그물망으로 버들치 건진다
저녁 밥상은 쑥 한 줌 뜯어 된장 풀고
쑥국 끓여야지
우리 집은 탑 층 사계절 별장
얼마나 환상적인 동네인가?

-「골목길」 전부

사실 오늘날 도회지는 아파트 주택문화가 주류를 이루어 골목을 잃어 버린지 반 백년이 지났지만 여전히 골목의 문화를 유

지하고 나누는 이웃이 그리울 때가 있다

시인은 아직도 골목의 정서가 남아 있는 풍경을 통해 사람과 사람 사이의 온정이 흐르는 길목을 사모하고 있는 것이다. '아파트 밑으로 개천이 흐르고 / 여름이면 그물망으로 버들치 건진다 / 저녁 밥상은 쑥 한 줌 뜯어 된장 풀고 / 쑥국 끓여야지 / 우리 집은 탑 층 사계절 별장 / 얼마나 환상적인 동네인가?'라는 표현에서 고단한 삶의 치유는 자연과 이웃의 따뜻한 연대連帶를 통해 '천국의 동네'를 맛보며 나눌 때 가능함을 시로서 속삭여 주고 있다고 하겠다.

2.

이제 제2부에 나타난 김이섭 시인의 삶에 대한 이해와 시인만의 치유적 처방을 만나보자.

오래 걸어왔다

약국을 경영하면서
아픈 줄도 쉴 줄도 모르고
앞만 보고 달려왔다

인생은 한 편의 연극이라더니
1막은 끝나고,

제2막은
아픔도 슬픔도 감사하는 마음으로

읽고 쓰고 들여다보고
시 쓰기에 빠져 늙음도 자각하지 않는다

숨 쉴 틈도 없이 달려온 길
이제는 뒤돌아보지 말고
천천히 뛰지 말고 걸어가는 거야

더 다정하게 아픈 사연들 보듬어주고
나누어주고 들어주는 사람이 되어야지

- 「길을 걸으며」 전부

약사로서 시인의 길은 피할 수 없는 치유의 사역자로서 삶일 수 밖에 없다. '아픈 줄도 쉴 줄도 모르고 / 앞만 보고 달려왔다'는 고백에서 다른 이의 아픔을 살피느라 자신의 아픔을 살피지 못한 이타적인 삶을 들여다 보게 한다. 하지만 시인의 이러한 경험은 곧 시의 자양분이 되고 긍휼의 심성이 모든 일상에 거룩한 습관이 되어 버린 셈이다. '아픔도 슬픔도 감사하는 마음으로 / 읽고 쓰고 들여다보고 / 시 쓰기에 빠져 늙음도 자각하지 않는다'고 결단하는 것은 시를 통해 자신의 치유적 역할은 멈출 수 없다는 결단으로 나타난 것이다. 이 시편은 화자話者뿐 아니라 독자들이 공감을 통해 삶의 회복 욕구를 갖도록 치유적 역할을 하고 있는 것이다.

다음은 약사로서 시인의 가치관이 잘 담긴 작품을 살펴보고자 한다.

사람은 살면서 4분의 1은 본인을 위해 일하고
4분의 3은 의사를 먹여 살린다는 비문이
고대 이집트 피라미드에 새겨져 있다

미국의 약사와 의사들이 필수적으로 지녀야 할
처방약이 PDR(a~z)에 있다
약을 총망라한 책이다
여기에 부작용이 없다는 약은 단 한 종류도 없다
효능이 한두 가지면 부작용은 설명서를 다 차지한다

의약품은 모두가 화학약품이다
약 남용이 너무 심각하다
주위에도 몇 가지씩 약을 복용하는 사람들이 많다
무섭고 겁이 난다
꼭 필요한 약만을 환자에게 줘야 한다

최상의 약은 예방이다
적당한 운동, 충분한 휴식, 면역 기르는 음식으로
자연치유를 해답이라고
평생 환자에게 맞는 약을 찾아 조제해 주고
낫는 사람들을 보며 보람을 느껴온
약사로써 권하고 싶다

-「약에 관하여」 전부

시인은 의료전문가인 약사로서 매우 신중한 고백을 하고 있다. '부작용이 없다는 약은 단 한 종류도 없다 / 효능이 한두 가지면 부작용은 설명서를 다 차지한다 // 의약품은 모두가 화학약품이다 / 약 남용이 너무 심각하다 / 주위에도 몇 가지씩 약을 복용하는 사람들이 많다 / 무섭고 겁이 난다 /꼭 필요한 약만을 환자에게 줘야 한다'라는 표현에서 치유자의 행위가 얼마나 큰 책임과 절제가 필요한지 보여주고 있다. 마치 치료자가 명심해야할 잠언箴言으로 들린다. 또한 '최상의 약은 예방이다 / 적당한 운동, 충분한 휴식, 면역 기르는 음식으로 / 자연치유를 해답이라고 / 평생 환자에게 맞는 약을 찾아 조제해 주고

낫는 사람들을 보며 보람을 느껴온 / 약사로써 권하'는 김이섭 시인의 고백은 약사이자 시인으로서 섬세한 심성과 가치관이 그대로 읽히는 시편이라고 할 수 있다. 다른 시편에서 그의 치유적 직업 정신이 이웃에게 어떻게 비추어지고 있는지 다른 시편에서도 발견할 수 있다. '힘에 겨워 폐업하려 할 때 / '마음 좋고 약 잘 지으시는 약사님'이라며 / 동네 사람들이 나를 붙들고 통곡하던 날도 있었다 / 이제는 다 내려놓고 건강 돌보며 편히 살라고 다독다독'(시 「그래도 괜찮다」 중)

제2부 작품 중 시인이 치유자로서 자신의 정체성과 삶의 여정을 가장 잘 노래한 시가 바로 「나는 약사다」이다

약대 졸업 후 병원 근무 7년 후 약국을 경영했다

그때는 약이 귀해
의약 서적으로 PDR 보면서
지식을 넓혀가며 환자에 맞춤형 약을 찾았다

40년 경영하면서 환자가 많았다

양약은 물론 약용식물학 본초 600종류 한약까지
지방에서 온 환자는 예약해야 했다

의약 분업이 되고 약사가 약을 쓸 수 없도록
제약을 받았다
약을 잘 모르는 의사와는 대화가 되지 않았다
손주 미숙아로 1.6kg 몸무게 인큐베이터 2주
알레르기 심해 병원에 갔는데 낫지 않는다
복용 약과 음식 목욕까지 관리해
3개월쯤 다 나아
지금은 건강히 자라 키가 180cm,

의약 분업 후 의사의 처방 없는
일반 약과 건강기능 식품 한약으로
과립제, 양약같이 조제 해주었다

변이 바이러스 치료하기 어렵지만
병원엔 거의 안 간다 약식藥食동원
먼저 약국에서 약사님과 상담한다

-「나는 약사다」전부

이러한 시인의 시적 진술을 통해 우리는 다시 심적 치유의 에너지를 얻게 된다. 세상이 온통 물욕物慾으로 가득찬 시대에 오직 환자의 회복을 위해 의료인이 어떠해야 하는지 체험적인 서사를 통해 보여주고 있다.

3.

시집의 3부는 가족 서사를 통한 그리움과 사랑을 노래함으로 함께 치유되는 시편으로 구성되어 있다. 앞서 언급한 대로 김이섭 시인의 개인사를 시로 노래한 것이지만 결코 독자들의 보편적 가족이야기와 크게 다르지 않다. 시인의 자신의 체험적 진술을 통해 독자에게 공감과 감동을 전해 줌으로서 위로와 회복의 마음 챙김을 이루고 있다.

어머니는 종갓집 맏며느리
줄줄이 딸 때문에 비상이 걸렸다
행여나 이번엔 아들일까

산실로 건너가신 어머니
얼마나 가슴이 울렁거렸을까?
7살 나는 몰래 산실 들어갔는데
할머니 깜짝 놀라 나가라고 호통치셨다

막내 태어나는 과정을
이불 속에서 눈만 빼꼼히 내놓고 지켜보았다
얼마를 지났는지 으앙 우렁찬 소리
엄니는 울음소리 듣고 아셨다, 또 딸이죠?
할머니 대답이 없으시다

엄마의 짜디짠 속울음이
눈물 콧물 범벅 뒤엉켜 눈을 못 떴다

그 동생 칠십 나이에
일찍 돌아가신 어머니 사랑도 못 받고
임파선 암이라니 청천벽력

병원 들락날락 5년 동안 많이 좋아졌는데
검사차 병원에서
열흘 만에 폐렴 대상포진으로 하늘나라로

어떻게 잊어, 보고 싶은데….

-「막냇동생」

어머니와 막냇동생의 이야기를 통해 슬픔과 그리움을 노래하고 있다. 슬픔이 슬픔을 밀고 나가고 그리움을 그립다고 맘껏 울 수 있을 때 우리들의 심적 치유는 이루어질 수 있다. 가슴 아픈 기억을 반추하는 일은 사실 괴로운 일이고 회피하고 싶으나 시인은 응어리를 묻어 두는 것이 아니라, 끄집어내어 함께 해소하길 노래하는 것이다. 누구에게나 잊지 못할 아니, 잊혀지지 않는 아픈 기억이 있다. 아픈 기억을 다시 애도함으로서 말라 있던 마음의 샘이 다시 젖어지고 세상을 헤쳐나갈 윤활潤滑의 역할을 찾을 수 있기 때문이다.

시인은 이어서 아버지와 어머니의 그리움을 시로 노래함으로서 여전히 여린 딸로서 자신을 내려놓고 있다.

당신이 가고

몇 번 째 겨울인가

따뜻한 향기로
아침 창밖을 수놓으며
흰 눈 속에 환히 보인다

유년 시절 눈 쌓인 뒷산에 올라
아버지 카메라에 담기던 어린이
강아지 뜀박질하며 뒤돌아 눈 맞춤하고
아버지와 나는 눈사람을 만들었다
까만 돌로 눈을 붙이고
나뭇가지 꺾어 눈썹 붙이고
빨간 단풍 입에 붙이고
목에 두른 목도리는 눈사람한테 내주었다
눈사람도 따뜻한 듯 호호 웃고
장난기 많으셨던 아버지 따라 웃는
호주머니 마스코트였던 섭이

뿌리로 얽힌 인연의 핏빛 걸치고
언제까지 애틋한 노래 부를 수 있을까요
저기, 허공을 맴도는 시선

-「눈이 내리네」 전부

이 시는 부친에 대한 애틋한 추억과 그리움이 담긴 시이지만 상투성을 벗어나 문학적으로 상당히 승화된 작품으로 보인다. 기억의 시적 형상화는 시창작자의 부단한 습작으로 가능하다.

그저 회한과 눈물로만 노래하지 않고 따뜻한 풍경을 자아내는 시로 평가할 만하다.

또한 어머니에 대한 시인의 감성이 잘 녹아든 시 「꽃물 든 그리움」도 뻔하지 않는 엄마를 시로 형상화한 작품으로 볼 수 있다. "우린 늙어가는 게 아니고 익어간다고 / 어머니처럼 익어갈래요 // 어머니, 당신은 꽃물 든 그리움이었어요" 라고 어머니를 꽃물 든 그리움으로 표현하는 것에서 시인 만의 특별한 감성이 보인다.

이어서 어머니의 대한 그리움이 시적으로 절정을 이룬 작품이 바로 「엄마 진달래꽃」이다.

하늘을 등에 업고
산길을 오른다
산마루에 하늘을 내려놓고 야호
메아리 되어 나에게로 야호
진달래 기다린 듯 돌 틈에 자리 잡았네

어머니 영혼 같은 진달래
집안 분위기도
버선코 만드실 때도 옮은 분홍색 덧대신
어머니
하늘나라에도 진달래꽃 만발했나요?

- 「엄마 진달래꽃」 전부

이 시에도 아버지에 대한 사랑을 담은 「다정했던 사람」이나 친구 「순분이」에서 벗에 대한 우정과 그리움을 노래한 것이나 시인이 할머니로 그린 시 「약손」 등 많은 작품이 가족과 사람에 대한 시인의 치유적 속삭임이 두드져 있는 시집이라고 할 수 있다.

이제 마지막으로 제4부의 시를 살펴보자. 앞서 언급한 대로 이 시집에 담긴 치유적 구원 의지와 그 해답을 4부의 시에서 시인은 마무리하고 있다.

종교적 구원과 문학적 구원은 궁극적으로는 '창조적 결단'이라는 공통점에서 출발하기 때문에 서로 배치되는 이해는 아니다. 문학이나 종교나 궁극적 목표로 하는 것은 인간의 구원적 삶이다. 종교가 내세적來世的 구원과 영혼의 구제를 목표로 한다면, 문학은 현세적이고 정신과 감정을 포함하는 육신적 구원이 목표다.

이러한 관점은 김이섭 시인의 자신의 신앙적 지향점을 시에서도 잘 나타나고 있다.

너는 명랑하고 활발하여 부러움을 샀지
지금은 항상 텅 비어있는 듯

점점 위축해지고 작아지는 것은
물과 바람 같은 흐름을 역행하려는 때문일까
네 탓일까 내 탓일까

다시 흐름 따라가면 되는 거지
세월이 좋은 건 순응을 가르쳐 주는 일

그냥 말 안 해도 깨달음은 주는 일

요즘엔 포기도 잘하고
비우기도 잘하는 나
아름다운 일몰의 여정
순례자의 길 찾으려고

-「너는」 전부

이 시에는 '나' 또는 '너'는 물론 시속의 화자, 즉 시인 자신일 수도 있지만 이 시를 읽는 독자 일 수도 있다. '세월이 좋은 건 순응을 가르쳐 주는 일 / 그냥 말 안 해도 깨달음은 주는 일' 이라는 것을 노래하며 '요즘엔 포기도 잘하고 / 비우기도 잘하는 나 / 아름다운 일몰의 여정 / 순례자의 길 찾으려'는 것이 신앙의 모습이고 그것이 궁극적인 구원의 모습임을 노래한다. 그러한 길을 찾아 떠나는 순례자로서 자신을 투영하고 독자를 안내하는 시편이라고 할 수 있다.

시인의 신앙 생활의 풍경을 통해 삶의 참 축복이 어디에서 발견되는지 잘 보여주고 있다.

주님을 알고부터
성당 다니는 형제자매님들과의
만남이 가족처럼 친근하다

5년 전 수녀님과 이사야서를

공부했던 율리안나

식사대접 하고 싶다고 거듭 연락이 왔다
먼 용인 수지에서
내가 시인되어 축하해주고 싶다고
율리안나는 한국사 기초학문을 연구하는 학자다

서로의 마음이 통하는 대화를 나누니
가슴이 뻥 뚫리는 산소처럼 상쾌하다

시집 한 권을 주고
우린 주님께서 만들어 주신
사랑의 끈을 이었다

-「인연」 전부

신앙의 힘은 현시적 욕구를 채우기보다 영적 새로움을 채우는 것에 유용하다. 시인의 시에 대한 애정이나 신앙의 동료들에 대한 감사나 사람 사이의 따뜻한 사랑의 끈 잇는 것은 바로 자신이 믿는 '주'님으로 비롯됨을 스스럼없이 고백한다. 시와 문학이 인간의 자유로운 상상과 표현을 지향한다고 하나 그 또한 구원의 길을 찾는 한 방편일 뿐 진정 창조적 삶을 사는 원천原泉은 바로 신앙의 힘임을 다시금 되새기게 해준다.

시인은 신앙을 통해 사랑의 끈을 연장하고 더 단단히 엮어가고 있다. 시 「사랑의 집」에서 순수한 봉사가 얼마나 아름다운 시간이 되고 찬양이 되는 지 잘 고백해주고 있다.

김이섭 시인의 이번 시집은 약사로서 시인의 이야기와 보편적 그리움과 슬픔을 지닌 이들에게 보내는 그의 따뜻한 인생 처방은 결국 시의 기능이 어디에 안착安着해야 하는지 잘 보여주고 있다. 생경한 단어, 문장의 미로迷路를 파헤치는 수수께끼같은 언어가 아니라, 사람의 마음, 하느님의 마음을 함께 헤아리며, 우리 언어가 가진 아름다운 속뜻과 운율을 잘 살리는 시창작이 독자에게 어떤 위로를 주는지 잘 보여주는 시집을 엮으신 김이섭 시인의 첫시집에 축하와 경의를 보내며 필자의 마음속에 남은 시 한 편을 소개하며 해설을 갈무리하고자 한다.

눈 꽃송이

차표 한 장 없이
하늘을 타고
우주로 직행하는 눈꽃송이

새벽 미사 가는 길

눈 위에 발자국 몇 개
곁에 내 발자국

흰 송이들의 움직임
가로등 불빛 따라

좌우상하로 분주히

잡을 수 없는 영처럼
갯벌에서 잽싸게
돌고 있는 돌게처럼

자연의 삼라만상
하얀 마음으로 감싸주는
우주의 신비

소복소복 내리는
송이와 함께 친구 되어
우주를 걷고 있는 나